LIVRET

DE

LECTURE,

A L'USAGE
DES ÉCOLES PRIMAIRES.

IIe PARTIE.

NIVELLES,
TYPOGRAPHIE DE DESPRET FRÈRES, LITHOGRAPHES ET LIBRAIRES.
1851.

I

l mouillé.

Jérôme *baille* comme s'il n'avait pas dormi.
Le *soleil* est *brillant*.
Suivons les bons *conseils*.
Le *tailleur* a *taillé* mon habit.
Le fer se *rouille*.

II

J'ai deux bras pour travailler.
Nicodème est babillard.
Qu'est-ce qu'un épouvantail ?
Le ver-à-soie est une chenille, qui devient ensuite un papillon.
Les vieillards sont respectables.
Habillez-vous, mon enfant.

III

e muet.

La *rue* est *large*.
Julie est *née* le dix janvier.
J'ai reçu *quatre* francs.
Le *tigre* est un animal *féroce*.
Votre enfant est très-*aimable*.
Un bon *livre* est *utile*.

IV

J'ai dix ongles aux deux mains.
J'aime mon bon papa et ma bonne petite maman.
Que peut-on moudre ?
Nous mangeons pour vivre.
Combien font onze et quatre?
Apprenez à vous taire.

V

e comme *è*.

Quels sont les cinq sens?
A bel ne nuit à per son ne.
Le *co lo nel* com man de un ré gi ment.
Le *ren ne* est un a ni mal u ti le.
Pier re n'a point d'en ne mis.
La *vio let te* est une *bel le* fleur.

VI

Le va let a sel lé le che val.
J'ai re çu u ne trom pet te pour mes é tren nes.
An toi net te est née à Ni vel les.
L'a lou et te est le mu si cien des champs.
Le pa res seux est en ne mi du tra vail.
Où est la son net te?

VII

ent comme *e*, *oient* comme *oie*.

Les chiens *aboient*.

Que *produisent* les arbres?

Les enfants *doivent* apprendre diligemment.

Les domestiques *nettoient*.

Les jeunes gens vertueux *vivent* heureux.

Qu'ils *soient* sages et prudens!

VIII

Les jardiniers sèment.

Mon oncle et mon ami Pierre se promenaient dans le verger de mon père.

Les habitants de la Gaule s'appelaient Gaulois.

Que produisent les arbres?

Les feuilles des arbres tombent.

Mes parents m'aiment tendrement.

IX

s comme z.

La *rose* est la reine des fleurs.

Les *casernes* servent de *maisons* aux militaires.

La vigne nous donne du *raisin*.

Les *prisonniers* sont dans la *prison*.

Les *cerises* et les *fraises* sont de bons fruits.

Ma sœur a *raison*.

X

Ah! que nous aurons de plaisir!

Le réséda a une odeur agréable.

Lise a des roses dans un vase.

Quel livre lisez-vous?

Mon cousin vend du basin.

La jalousie est le plus grand de tous les maux.

Le cygne est un bel oiseau.

XI

ss.

Le bro chet est un *pois son.*
Quand *mois son ne*-t-on ?
Pen dant la ré col te ou la *mois son.*
Paul *res sem ble* beau coup à mon on cle.
Bru x el les est u ne bel le et gran de vil le.
Six fois dix font *soi x an te.*

XII

Le chas seur chas se le liè vre.
Nous ré com pen sons et nous pu nis sons.
Le ros si gnol est un pe tit oi seau qui chan te a gré a ble ment.
Son ne veu a pris pos ses sion de la suc ces sion.
La bier re est no tre bois son.
Nous fi nis sons la le çon.

XIII

ti comme *si*.

Nous por tions nos *por tions*.
La *pa tien ce* est une ver tu.
Paul a com mis une très-mau vaise *ac tion*.
Nous chan tions l'air *na tio nal*.
On doit avoir de la *vé né ra tion* pour la vieil les se.
Son *im par tia li té* le rend re com man da ble.

XIV

Sa po si tion est a van ta geu se.
Ma pro po si tion a été ac cueil lie a vec pré ci pi ta tion.
La ci vi li sa tion fait des pro grès par l'in struc tion.
La nu mé ra tion, l'ad di tion, la sous trac tion, la mul ti pli ca tion et la di vi sion sont les cinq o pé ra tions du cal cul.

XV

y comme *ii*.

Louis est toujours *joyeux*.
L'Amérique est un *pays* fort éloigné.
Voyez-vous ces oiseaux ?
Ne *soyons* pas orgueilleux.
Il a *payé* ses dettes.
Ayez soin de vos affaires.

XVI

Soyons obéissants, dociles et sages, c'est le moyen de se faire aimer.
Le paysan et la paysanne ont vendu leurs œufs.
Nous employons le temps de notre jeunesse à apprendre.
Faites le bien et fuyez le mal.
Les rayons du soleil passent à travers l'eau.

XVII

y comme i.

Hippolyte et **Hyacinthe** sont des enfants dociles.

Philippe a lu l'*encyclopédie*.

La *lyre* est un instrument de musique.

Lyon est une grande ville.

On s'égare souvent dans un *labyrinthe*.

Allez-*y*, mon fils.

XVIII

L'hypocrite est odieux.

La mauvaise conduite précipite les enfants dans un abyme de malheurs.

Lisez les mots suivants :

Mythologie, tyran, Thermopyles, Styx, lynx, cyclope, syllabe, physique, système, Abyssinie, typographie, Égypte.

XIX

ai comme *é*. — *eu* comme *u*.

Je *rencontrai* hier mon ami.
Je *chantai* une chanson.
Je *dessinai* hier et je *dessinerai* encore aujourd'hui.
Je vous *enverrai* la réponse.
J'*écrirai* à mon cousin Charles, qui m'enverra de belles estampes.
J'*eus* hier la fièvre.

XX

J'aimerai toujours mes chers parents, et je leur obéirai.
Nous eûmes le plaisir de le voir.
Je recevrai un joli petit livre de mon papa, quand je saurai bien lire.
Ils eurent le bonheur d'être aimés
Tu eusses obtenu des récompenses si tu les eusses méritées.
Je suivrai les sages conseils qu'on me donne.

XXI

c comme *k* et *g* comme *gu*, devant *a*, *o*, *u*.

c comme *s* et *g* comme *j*, devant *e*, *i*, *y*.

Les brasseurs se servent de *cu*ves pour brasser la bierre.

Ce garçon est obéissant.

J'ai reçu du *co*ton, du *ca*fé et de la *ci*re.

Le *geai* est un oiseau qui a un beau *plumage*.

La *cage* du pinson est *carrée*.

XXII

Songez à vous corriger.

Le petit gilotin a mangé un pigeon.

François est français.

Nous changerons aujourd'hui de domicile.

La brebis a beaucoup de simplicité et de douceur.

Il a menacé de punir cet enfant indocile.

XXIII

h muet.

Les *huîtres* sont excellentes.
L'*homme* est un animal raisonnable.
Les bonnes *habitudes* plaisent à tout le monde.
L'*honneur* est un bien précieux.
L'*hiver* est une des quatre saisons.
Votre fils est très-*honnête*.

XXIV

Papa m'achettera un bel habit.
Cette maison est fort humide.
On est heureux lorsqu'on est sage.
Les malades vont à l'hôpital.
On commence à neuf heures.
Les héritiers de ce grand homme lui rendent hommage.
Sophie est toujours de bonne humeur.

XXV

h aspiré.

Le mensonge est un vice *honteux*.

*H*enri est bien avare.

Le *H*ainaut est le nom d'une province de la Belgique.

Armand est bien *hardi*.

J'ai planté des *haricots*.

Paul a rencontré dix *hussards*.

XXVI

La tour du château est moins haute que celle de l'église.

J'ai vu des villages et des hameaux.

Les hannetons sont des insectes.

Le hibou est un vilain animal.

Donnez-moi trois harengs.

Les loups hurlent.

J'ai planté une haie de groseillers.

EXCEPTIONS.

I

Camille et *Gilles* sont des enfants *tranquilles*.

Lille est une grande *ville*, qui a plus de soixante *mille* habitants.

Achille est né en *mil* huit cent.

Ce *village* est à trois *milles* de la *ville*.

Un vase *d'argile*.

C'est un légume de *lentilles*.

Qu'est-ce qu'un *pupille* ?

II

Il est armé d'un *fusil*.

Avez-vous du *persil* ?

Les bons *outils* font les bons ouvriers.

Ce petit garçon est bien *gentil*.

Le marchand a vendu six *barils*.

Montrez-moi les *sourcils*.

III

Paul a *se con dé* son frère.
Le *se con dant* a *se con dé*.
Le *se cond* vo lu me de cet ou-
vra ge pa raî tra bien tôt.
Est-il le *se cond* ?
Clau de est mon meil leur a mi.
La *ci go gne* est un oi seau.

IV

Chal dée est le nom d'un pa ys
de l'A sie.
Les *I sra ë li tes* en trè rent
dans la ter re de *Cha na an*.
J'ai lu la vie de *Jé sus-Christ*.
Jo a chim est ve nu nous voir.
Sa vez-vous li re ces mots, mes
en fants ?
Chro no lo gie , *or ches tre* ,
chœur , *cho ris te* , *cher so nè se* ,
chrême , *chro no mè tre* , *chry-
san thè me*.

V

Ce *comp te* mon te à la somme de dix-*sept* francs.

Le *temps* est fort beau.

Les é co liers ap pren nent à *comp ter*.

Saint Jean-*Bap tis te bap ti sa* dans le Jour dain.

Les ri ches ses ne nous *e x emp- tent* pas du tra vail.

Qu'est-ce qu'un *comp toir* ?

Mon cou sin est le *sep tiè me* de sa clas se.

VI

Les mots qui n'ont qu'u ne syl- la be , s'ap pel lent mo no syl la- bes; ceux qui en ont plu sieurs, s'ap pel lent po ly syl la bes.

Il ar ri ve ra vrai sem bla ble- ment de main.

Cet te nou vel le est vrai sem- bla ble.

VII

L'*Al sa ce* est une pro vin ce de la Fran ce.

La *bal sa mi ne* est une fleur.

Il a fait une *tran sac tion* a vec moi.

Mon a mi, il faut *tran si ger*.

Il y a là une *tran si tion*.

VIII

Jé ru sa lem, Beth lé em sont des noms de vil les.

Jé rô me a é té à Am ster dam.

Sem fut un des en fants de No ë.

Le rhum est une li queur.

A bra ham est un pa tri ar che.

Le glu ten est un ci ment na tu rel.

Le Ni é per et le Ni es ter sont de gran des ri viè res.

RÉCAPITULATION.

I

Le lézard est un quadrupède rampant.

Un esprit irrésolu ne se fixe à rien.

La calomnie et le mensonge sont des actions honteuses.

Saül fut le premier roi d'Israël.

Le castor est un animal dont la peau sert à faire des chapeaux.

Alexandre-le-Grand, roi de Macédoine, conquit presque toute l'Asie.

Votre père et votre mère travaillent à votre éducation, comment ne les aimeriez-vous point?

Les Égyptiens sont les habitans d'un pays qu'on appélle Égypte.

II

Un hectare est une mesure qui contient cent ares.

La France a une population de plus de trente-quatre millions d'habitants.

Mentor assura à Télémaque que celui-ci reverrait Ulysse son père.

C'est peu que de posséder des richesses, il faut obliger ses amis.

Par ce qu'on voit tous les jours, il est facile de comprendre combien le mauvais exemple est pernicieux.

Lisez avec attention et relisez souvent les livres des bons auteurs.

III

La plupart des paysans vivent plus sobrement que les gens de ville; ils n'en sont que mieux portants.

IX

Le com mer ce était en *s tag na tion*.

L'eau des lacs est *s tag nan te*.

Cet te for te res se est *i nex pug na ble*.

Quels sont les mé té o res *ig nés*.

X

Le ci gne, l'oie, le ca nard, sont des oi seaux *a qua ti les* ou *a qua ti ques*.

Le che val, la va che, la bre bis, le chien, le chat, sont des *qua dru pè des*.

Le *qua dri co lor* est une fleur qui a qua tre cou leurs.

Êtes-vous *qua dra gé nai re* ?

XI

Qui de vous, mes petits amis, sait lire les mots suivants :
Nabuchodonosor, Cicéron, Tromp, Rubens, le Démer, sexagénaire, wallon, Xavier, Metz, Suez, Xantippe, examen, Montaigne, signet, Regnard, Regnaud, Quintilien, équestre, équitation, Judaïsme, paganisme, Andrinople, Adam, Samson, Sem, Constantinople, fixe, Stockolm, Alexandre ?

J'ai payé quinze centimes pour une portion de pois.

Ne cueillez point de roses dans ce jardin.

Les héros se sont distingués par leur courage et leurs belles actions.

Ce jeune homme est trop orgueilleux, ses compagnons le fuient.

Je compte, mes enfants, que vous obéissez à vos parents; que vous êtes dociles en classe : en agissant de la sorte, vous ferez des progrès rapides, et vous serez aimés de tout le monde.

FIN.

www.ingramcontent.com/pod-product-compliance
Lightning Source LLC
Chambersburg PA
CBHW061519040426
42450CB00008B/1700